SLAVICA BO

Das kleine Übungsheft

Das Gesetz der Anziehung

Aus dem Französischen von
Claudia Seele-Nyima

Illustrationen von Jean Augagneur

TRINITY

Slavica Bogdanov arbeitet als Trainerin und Life Coach mit dem Schwerpunkt Persönlichkeitsentwicklung. Zum Gesetz der Anziehung entwickelte sie lebensnahe Tipps und praxiserprobte Strategien, es im Alltag wirksam werden zu lassen. Sie ist Autorin von über 15 Büchern.

Die Originalausgabe ist erstmals 2013
bei Éditions Jouvence erschienen.
Titel der französischen Originalausgabe:
Petit cahier d'exercises pour pratiquer la loi de l'attraction

Chemin du Guillon 20, Case 184, CH-1233 Bernex.
www.editions-jouvence.com
info@editions-jouvence.com

Umschlaggestaltung: Guter Punkt, München
Satz: Veronika Preisler, München
Druck und Bindung: Pustet, Regensburg
ISBN 978-3-95550-075-7

www.die-kleinen-uebungshefte.de

Vorwort

Dieses kleine Übungsheft zeigt Ihnen, wie Sie mithilfe des Gesetzes der Anziehung – auch Resonanzgesetz genannt – in allen Lebenslagen stets das Beste auf sich ziehen können. Wenn Sie die Ratschläge und Übungen beherzigen, werden Sie imstande sein, das Gesetz der Anziehung positiv zu nutzen. Sie können dann alles anziehen, was Sie sich wünschen.

Mit diesem kleinen Übungsheft lernen Sie, sich von der negativen Energie zu befreien, die Ihren Alltag zermürbt. Die vorgestellten Konzepte sollen Sie zu mehr innerem Frieden, zu einem glücklicheren, harmonischeren Leben führen. Ihnen werden die erforderlichen Werkzeuge an die Hand gegeben, um das Beste aus sich und Ihrem Leben zu machen und über Ihr inneres Universum zu bestimmen.

Dieses kleine Übungsheft wurde für Menschen entwickelt, die ihre Lebensqualität verbessern wollen. Die darin enthaltenen Übungen und Leitgedanken wurden im Verlauf langjähriger Recherchen und Studien erarbeitet. Sie haben ihre Wirksamkeit unter Beweis gestellt und bereits vielen Menschen ermöglicht, ihr Leben zu ändern und es zum Besseren zu wenden.

Wenn Sie die in diesem Heft vorgeschlagenen Konzepte meistern, haben auch Sie die Chance, Ihr Leben und das Leben der Menschen um Sie herum erheblich zu verbessern. Sie sind dabei, sich in ein wunderbares Abenteuer zu stürzen, das Sie zum Erfolg führen wird. Herzlichen Glückwunsch!

Das Gesetz der Anziehung – was ist das?

Das Gesetz der Anziehung ist ein universelles Gesetz, das stets wirksam ist. Ganz einfach ausgedrückt bedeutet es: »Gleiches zieht Gleiches an.«
Alles, was Sie umgibt, besteht aus Energie: Ihr Körper, die Natur … selbst Ihre Gedanken. Das Gesetz der Anziehung sagt, dass die Energie, die wir mit unseren Gedanken produzieren, eine ähnliche Energie anzieht.

»Energie kann weder erzeugt noch vernichtet, sondern nur von einer Form in eine andere umgewandelt werden.«
Energieerhaltungssatz

Gedanken in Form von ausgestrahlter Energie wandeln sich um und bringen andere Energieformen hervor. Diese wiederum ziehen jene Erfahrungen an, die Sie erleben. Es gibt dieses Gesetz der Anziehung, ob Sie daran glauben oder nicht.

kontinuierlich (sei es absichtlich oder versehentlich) lenken Sie Erfahrungen auf sich, die Ihre Gedanken widerspiegeln.

Das, worauf Sie Ihre Aufmerksamkeit richten, wächst.

Die Anziehungskraft, die unsere Gedanken produzieren, ist proportional zu dem damit verbundenen Gefühl. Je intensiver (positiv oder negativ) das Gefühl ist, das Sie bei dem Gedanken an etwas Bestimmtes empfinden, umso stärker ziehen Sie genau diese Umstände in der nahen Zukunft an. Anders ausgedrückt: **Das, woran Sie am häufigsten denken (während Sie ein Gefühl damit verbinden), ziehen Sie im Leben an.** Die meisten Menschen leben, indem sie auf das reagieren, was sie nicht mögen (Schulden, eine Krankheit, einen Mangel auf der Beziehungsebene). Also ziehen sie noch mehr Dinge an, die ihnen Grund zur Klage geben. Wir können lernen, das Gesetz der Anziehung zu nutzen, um das Beste in unserem Leben anzuziehen. Dabei ist es sinnvoll, bestimmte Schritte einzuhalten, um die Prinzipien zu verinnerlichen und zu beherrschen.

Wie wird dieses universelle Gesetz angewendet?

Da alles Energie ist (sogar unsere Gedanken) und jede Energie gemäß dem Gesetz der Anziehung wiederum eine gleichartige Energie anzieht, muss man positive Energie aussenden, damit sich im Leben mehr positive Ereignisse einstellen. Mitunter sind wir empfänglicher für Unglücksgeschichten und glauben an Tage, an denen wir »mit dem falschen Fuß aufgestanden« sind. Wenn Sie mit Gedanken, Worten und Gefühlen negative Energie ausstrahlen, ziehen Sie negative Menschen, Ereignisse und Erfahrungen an.

Dank diesem Gesetz wird der Tagesverlauf, den Sie anziehen, so sein, wie Sie erwarten. Indem Sie das Gesetz der Anziehung positiv nutzen, können Sie sich dafür entscheiden, jeden Tag mit dem »richtigen Fuß« aufzustehen, mehr »Glück« zu haben und all das Gute auf sich zu ziehen, das Sie Ihrer Meinung nach verdienen.

*»Wenn du die Art und Weise änderst,
wie du die Dinge betrachtest,
ändern sich die Dinge, die du betrachtest.«
Dr. Wayne Dyer*

Wenn Sie positiv denken, sprechen und handeln, senden Sie positive Gefühle und Energien aus. Infolgedessen werden Sie positive Menschen, Ereignisse und Erfahrungen in Ihr Leben ziehen. Es liegt also in Ihrem Interesse, Ihre innere Energie zu verändern, damit Sie das Beste auf sich ziehen.

Wie alle, die das Gesetz der Anziehung positiv nutzen, werden Ihnen Zufälle und Fügungen in Ihrem Leben auffallen. Sie werden den Eindruck haben, immer mehr magische Momente zu erleben. Die Menschen um Sie herum werden überrascht sein und Sie fragen, woher Ihr Glück rührt.

Sie haben die Möglichkeit, Ihr Leben zu ändern.

Sie haben die Wahl.

Tatsächlich liegt die einzige Verantwortung Ihres Lebens darin, dass es Ihnen gelingt, glücklich zu sein. Sie können den Erfolg haben, den Sie sich wünschen – in allen Lebensbereichen.

Es liegt nur bei Ihnen.

Wieder Verantwortung übernehmen

Um das Gesetz der Anziehung voll auszunutzen und das Beste im Leben auf sich zu lenken, ist es wichtig, dass Sie, bei allem, was Ihnen widerfährt, Ihren eigenen Anteil der Verantwortung erkennen.

Das ist die erste Etappe – und mitunter die schwierigste: Bei jedem Ereignis unseres Lebens unsere eigene Verantwortung zu akzeptieren. Erkennen Sie, dass Sie positive Erfahrungen ebenso auf sich ziehen wie Probleme.

Sie können niemandem die Schuld an Ihrer derzeitigen Situation geben. Sie allein sind verantwortlich.

Beschreiben Sie hier ein Ereignis, das Sie als besonders negativ ansehen, und schreiben Sie auf, welchen Anteil Sie selbst daran haben:

....

....

....

....

Gedanken werden Worte
Worte werden Taten
Taten werden Gewohnheiten
Gewohnheiten prägen unsere Zukunft

Sie ernten, was Sie gesät haben: Die Gegenwart ist das Ergebnis Ihrer vergangenen Taten. Also ist die Zukunft das Ergebnis Ihrer gegenwärtigen Gedanken. Wenn Sie heute ständig über die Vergangenheit nachgrübeln, werden Sie sie morgen wiederholen.

»Das, was wir in unserer Gegenwart sehen, ist nur die Restwirkung unserer vergangenen Gedanken und Taten.«
James Arthur Ray

Wenn Sie diese Logik akzeptieren, werden Sie um ein Vielfaches besser in der Lage sein, Ihre Zukunft zu ändern.

Wenn Sie nämlich allein für Ihre Zukunft verantwortlich sind, steht es Ihnen vollkommen frei, sie Ihren Wünschen gemäß zu gestalten.

Indem Sie Ihre Denk- und Verhaltensweisen ändern, ändern Sie Ihre Zukunft.

Wenn Sie wissen, dass Sie für Ihre Gegenwart voll und ganz verantwortlich sind, sind Sie allein der Garant für Ihre Zukunft. Es steht in Ihrer Macht, Ihr Leben zu ändern. Die Vergangenheit hat nicht mehr den geringsten Einfluss auf Ihre Zukunft.

Wenn Sie lernen möchten, Ihre Zukunft zu ändern, können Sie damit beginnen, den Sinn Ihrer Vergangenheit zu ändern, Lehren aus ihr zu ziehen und sie da zu lassen, wo sie hingehört: in der Vergangenheit.

Schreiben Sie eine persönliche Begebenheit auf, die Sie als Niederlage ansehen, und ändern Sie ihre Bedeutung. Beschreiben Sie die Ereignisse so, wie sie sich zugetragen haben, ohne irgendein Gefühl damit zu verknüpfen. Ziehen Sie anschließend Schlussfolgerungen aus dieser Geschichte. Schreiben Sie das Ereignis so um, wie es nach Ihren Wünschen hätte enden sollen.

....

....

....

....

....

....

....

Ein Fehlschlag: der erste Schritt zum Erfolg

Auf eine Niederlage folgt das Gelingen. Das eine kann ohne das andere nicht existieren, der Sturm kann nicht ewig weiterwüten. Machen Sie sich bewusst, dass über den Wolken die Sonne scheint und sie schließlich auch wieder hervorkommen wird. Lernen Sie aus Ihren Fehlern und akzeptieren Sie sie als Lektionen fürs Leben. Wenn Sie aus einem Fehler nicht lernen, laufen Sie Gefahr, ihn wieder zu begehen. Haben Sie dies erst einmal verstanden, gehen Sie weiter.

»Wir alle mögen Überraschungen. Aber nur Überraschungen, die wir wollen. Überraschungen, die wir nicht wollen, bezeichnen wir als Probleme. Wir brauchen aber beide, um zu wachsen.« Anthony Robbins

Eine Niederlage ist häufig das Ergebnis einer schädlichen Gewohnheit, die wir ändern müssen.

Ein Fehlschlag kann Sie auch auf ein markantes Ungleichgewicht in einem bestimmten Lebensbereich hinweisen: in der finanziellen Situation, der Familie, der Gesundheit. Versuchen Sie nicht, in einem Bereich auf Kosten eines anderen erfolgreich zu sein.

Häufig spiegelt ein Fehlschlag einen Mangel an Selbstvertrauen wider, denn viele akzeptieren bestimmte schwierige Bedingungen, weil sie sie als das kleinere Übel betrachten oder weil sie entmutigt sind: »Besser das als gar nichts.«

Die Niederlage tritt über lange Zeit auf, wenn man (erneut aus Mangel an Selbstvertrauen) nicht in der Lage gewesen ist, seine Grenzen zu überwinden. Sie äußert sich oft in Form von Bedauern: »Ich hätte dies tun sollen, ich hätte jenes tun können.« Lernen Sie, aus Ihrer »Komfortzone« herauszukommen.

Wer laufen lernt, muss das Risiko eingehen, hinzufallen, und fallen kann eine weitere Lektion sein, um laufen zu lernen. Zu einer Niederlage kommt es, wenn man eine Situation anzieht, die man nicht wollte. Es ist wichtig, sich nicht auf die Angst vor dem Scheitern zu konzentrieren, sondern auf das Ergebnis, das man erzielen will.

Um Ihr Leben verbessern zu können, ist es wichtig, dass Sie die Bilanz Ihrer aktuellen Situation ziehen, um herauszufinden, was Sie zum Besseren wenden wollen.

Tragen Sie in das Rad unten für jeden Lebensbereich Ihren Zufriedenheitsgrad auf einer Skala von 1 bis 10 ein (10 ist der höchste Grad). Wenn Sie nicht bei 10 sind, beschreiben Sie in einem Satz, was die Zahl erhöhen könnte.

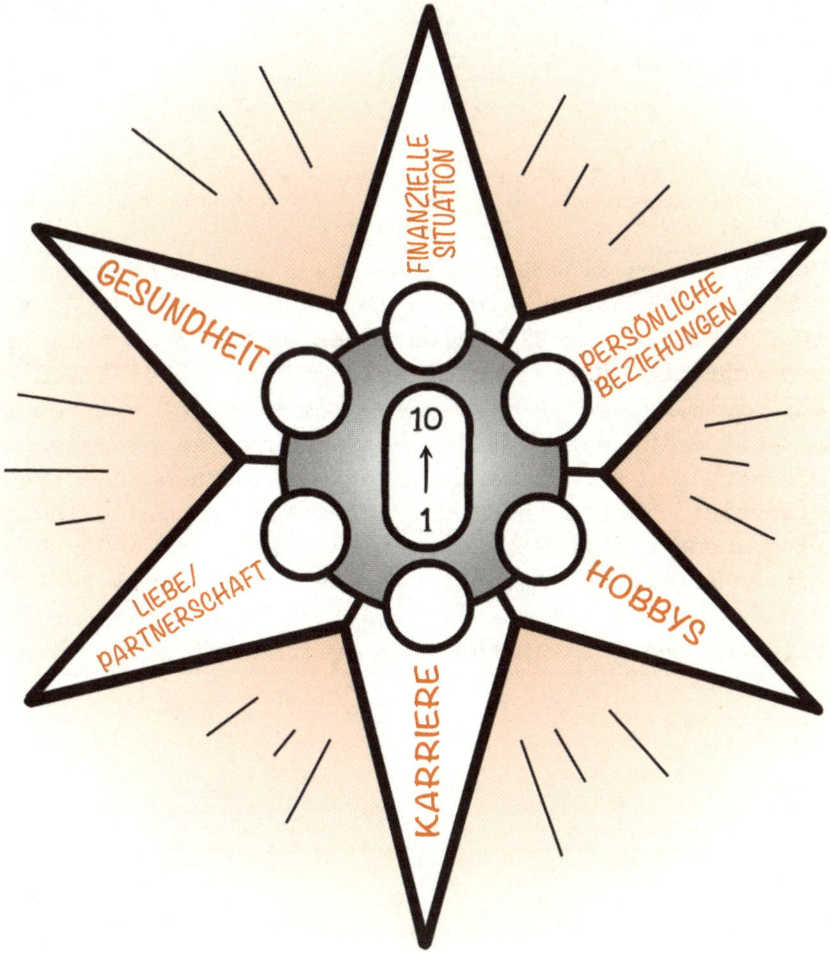

Sie ziehen einen Nutzen aus Ihren Problemen!

Sie sind nicht nur verantwortlich für das, was sich in Ihrem Leben ereignet, sondern Sie sollten sich auch bewusst machen, welchen Nutzen Sie aus jeder Situation ziehen, die Sie durchleben. Sie wären nämlich nicht da, wo Sie heute sind, wenn nichts Sie dazu ermutigen würde, in dieser Situation zu verharren.

Denken Sie an eine Situation, die Sie gern ändern würden. Zum Beispiel hätten Sie vielleicht gern mehr Geld. **Finden Sie fünf Vorteile der Situation, dass es Ihnen an Geld mangelt, und schreiben Sie sie hier auf.** Dadurch sehen Sie die Dinge aus einem anderen Blickwinkel. Zum Beispiel könnten Sie der Ansicht sein, dass Veränderung schwerer zu ertragen wäre als die Routine, selbst wenn diese Routine Ihnen unerträglich erscheint. Manche mögen die Aufmerksamkeit, die ihnen zuteilwird, wenn sie in Schwierigkeiten sind, und finden sich daher oft in Schwierigkeiten wieder. Andere wiederum fühlen sich damit wohl, dass sie kontinuierlich nach Herausforderungen streben, und deswegen gelingt es ihnen nicht, »leicht« zu leben.

....

....

....

....

....

Die Vorteile, die Ihre Probleme Ihnen bringen, zu erkennen, erfordert Ehrlichkeit gegenüber sich selbst, und dank dieser Ehrlichkeit werden Sie es schaffen, Ihr Leben zu verbessern. Indem Sie den Nutzen ans Licht bringen, den Sie aus dem jeweiligen Problem ziehen, können Sie diese Konditionierung ändern und sie durch eine bessere Form der Belohnung ersetzen. Jede Lebenssituation ziehen Sie selbst an. Erkennen Sie, warum Sie sie anziehen, und lernen Sie, bestimmte Situationen nicht mehr auf sich zu ziehen, indem Sie die Gründe und Motivation ändern, die Sie zum Handeln veranlassen.

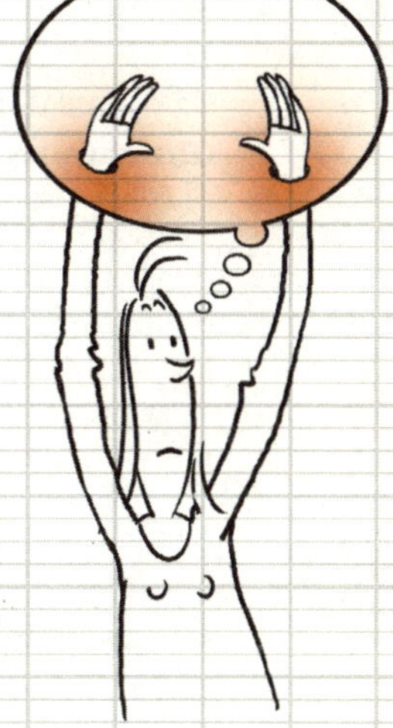

Denken Sie positiv!

Um das Beste im Leben auf sich zu lenken, ist es wichtig, positive Gedanken einzusetzen.
Wenn Sie an etwas denken, was Ihnen fehlt, an Schulden, an Unglücksfälle, dann ziehen Sie noch mehr davon an.
Positiv denken scheint auf den ersten Blick schwierig zu sein. Tatsächlich neigen wir alle dazu, bestimmte negative Sätze gegenüber uns selbst zu wiederholen.
Darüber hinaus haben wir alle einen inneren »Saboteur«.

Der »Saboteur« ist jene kleine Stimme, die Ihnen wiederholt, dass Sie Ihre Ziele nicht erreichen werden, dass Sie nicht gut genug sind, dass Sie es nie schaffen werden, dass Ihre Idee niemals Früchte tragen wird, dass Sie nie etwas Angefangenes zu Ende bringen …

Um Ihren »Saboteur« zu verscheuchen, müssen Sie ihn erst einmal erkennen können. **Geben Sie ihm einen Namen:**

....

Zitieren Sie die Sätze, die der »Saboteur« Ihnen regelmäßig ins Ohr flüstert:

....

....

....

Schreiben Sie die positiven Antworten auf, die Sie ihm nächstes Mal entgegenhalten, wenn er Sie wieder zu entmutigen versucht:

....

....

....

Anziehung ist wie Gärtnern

»Wer sein Glück denkt, findet es.« Jean Prieur

Negative Gedanken sind wie Unkraut, die im Garten Ihres Geistes wachsen. Dieses Unkraut ist zum Teil gewuchert, weil bestimmte negative Gedanken Ihre gesamte Kindheit hindurch entlang gesät wurden. Dieses Unkraut hindert Blumen oder Gedanken, die Fülle hervorbringen daran, in Ihrem Kopf zu blühen. Die beste Methode, diesem Problem entgegenzuwirken, besteht darin, gewissermaßen der Gärtner Ihres Gehirns zu werden: Sie müssen jedes Unkraut (mit der Wurzel) ausreißen und stattdessen eine positive Saat aussäen.

Um Unkraut oder negative Gedanken auszureißen, ist es wesentlich, den Gedanken auf den Grund zu gehen und darauf zu antworten. Gedanken wie »du bist eine Niete«, »du bist fett und hast Falten«, »du bringst nie etwas zustande« ... entbehren jeder realen Grundlage und drücken nur überholte Ansichten aus. Sie selbst entscheiden, ob Sie ihnen Gewicht geben und Wert beimessen wollen. Es liegt in Ihrer Macht, sie durch positive Gedanken zu ersetzen, wie: »Ich habe viele Ressourcen«, »ich werde mit der Zeit immer jünger und mein Körper ist ganz gesund«, »ich bin bislang sehr erfolgreich gewesen und werde weitere Erfolge haben« ...

Auf den ersten Blick mag es scheinen, als sei dies eine langwierige Arbeit, doch das Ergebnis ist der Mühe wert. Indem Sie negative Gedanken verbannen und sie durch positives Denken ersetzen, gewinnt dieses die Oberhand. Je mehr Sie Ihren Garten bearbeiten, umso leichter wird es, ihn instand zu halten, und umso nutzbringender wird Ihre Ernte sein.

Tragen Sie unten die negativen Gedanken ein, die Ihnen in den Sinn kommen, und antworten Sie jeweils mit einem positiven Gedanken darauf. Sie können auch eine negative Gewohnheit, die Ihnen nichts Konkretes bringt, durch eine positive ersetzen, die Sie dem erhofften Ziel näherbringen kann.

Negative Gedanken	Positive Gedanken
....	....
....	....
....	....
....	....
....	....
....	....
....	....
....	....
....	....
....	....
....	....

Muss man all seine Gedanken kontrollieren?

Tausende von Gedanken prägen Ihren Alltag, und es scheint ganz und gar unvorstellbar, sie alle zu kontrollieren.
Also, was tun?
Zunächst sollte Ihnen klar sein, dass hierin einer der Gründe liegt, warum das Gesetz der Anziehung seine Wirkung mit einer gewissen Zeitverzögerung entfaltet: Das ermöglicht Ihnen, Ihre Meinung zu ändern oder anders zu denken. Würden Sie nämlich sofort alles auf sich ziehen, was Sie denken, könnten Sie kaum der zahlreichen Katastrophen Herr werden, die daraus entstünden.
Das Universum hat es gut eingerichtet: Je schneller und mehr Sie denken, umso langsamer wirkt das Gesetz der Anziehung. Je langsamer Sie denken, je mehr Zeit Sie sich nehmen, um zu entscheiden, was Sie wollen, und je stärker Sie zu Ihrer Entscheidung stehen, desto schneller wirkt das Gesetz der Anziehung.

Bevor Sie in der Lage sind, Ihre Gedanken zu verlangsamen (ein effektives Mittel dazu lernen Sie später kennen) oder zu kontrollieren, können Sie verstehen, welche Art von Energie Ihre Gedanken ausstrahlen, indem Sie auf Ihre Gefühle hören. Tatsächlich folgt das Gesetz der Anziehung der Richtung Ihrer Energie. Letztendlich wünschen Sie sich also ein Maximum an positiver Energie. Es ist leichter, seinen Gedanken auf den Grund zu gehen und sie zu erkennen, wenn man die Aufmerksamkeit auf das richtet, was man spürt.

»Das, was Sie denken und fühlen, und das, was sich manifestiert, ist jedes Mal identisch.«
Esther Hicks

Ihr Instinkt, Ihre Intuition, Ihr Bauch nehmen die Energie Ihrer Gedanken wahr. Ein negativer Gedanke kommt auf und Ihr Bauch verkrampft sich; Sie fühlen sich weniger wohl. Mit fröhlichen Gedanken sind Sie entspannt und lächeln. Nutzen Sie Ihre Empfindungen oder Gefühle als Hinweis darauf, welche Gedanken Ihnen durch den Kopf gehen.

Ersetzen Sie Ihre negativen Gefühle durch positive, um das Gesetz der Anziehung positiv zu nutzen. Denken Sie an etwas, das Ihnen Freude macht, oder hören Sie Musik, die Sie in gute Laune versetzt. Atmen Sie tief. Die Atmung kann Ihnen helfen, Ihre Gefühle zu kontrollieren. So ändern Sie die Energie, die Sie ausstrahlen.

Meiden Sie Zweifel

Zweifel sind der Feind des Gelingens, denn sie diktieren Ihnen lediglich die Grenzen Ihres Erfolgs.

Denken Sie daran: Sie können jederzeit Ihre Grenzen überschreiten und sich selbst übertreffen. Es ist für Sie heute ganz natürlich, dass Sie aufstehen, gehen oder sogar diese Zeilen lesen können. Es gab aber einmal eine Zeit, als Sie dachten, das würden Sie nie schaffen. Wie belanglos erscheint Ihnen das jetzt, und wie lange ist das schon her!

Denken Sie an andere Situationen in Ihrem Leben, in denen Sie Hindernisse überwunden haben. Damals schienen sie Ihnen riesengroß und dann, als das Problem erst einmal gelöst war, so belanglos.

Sobald Ihr innerer »Saboteur« Sie dazu treibt, an Ihren Fähigkeiten zu zweifeln, senden Sie negative Schwingungen aus, die eine Niederlage nach sich ziehen können.

Schreiben Sie hier Ihre zehn letzten Erfolge auf. Erinnern Sie sich, wie Sie sich dabei gefühlt haben. Wie fühlen Sie sich jetzt?

....

....

....

....

....

....

....

....

....

Wenn wir eine Erfahrung gemacht haben, die negativ ausgegangen ist, sehen wir in Situationen, in denen sich dieselben Bedingungen wieder zeigen, zuweilen ein ähnliches Ende vorher. Eine solche Einstellung birgt natürlich die Gefahr, dieselben negativen Ergebnisse noch einmal anzuziehen.
Um diesen Teufelskreis zu beenden, ist es unerlässlich, solche Negativprojektionen vergangener Geschehnisse aufzugeben. Nichts zu verallgemeinern ist eine effektive Methode, damit dies gelingt.

»Sich sorgen nimmt dem Morgen nichts von dem Leid, aber es raubt dem Heute die Kraft.« Corrie Ten Boom

Zweifel sind eine Form der Angst. Angst ist nötig, um Ihnen anzuzeigen, dass Sie eine neue Lebensetappe erreichen. Wenn Sie in der Lage sind, diese Hürden zu überwinden, steigert dies Ihr persönliches Selbstvertrauen, und Sie können sich selbst übertreffen. Haben Sie Angst, dann fragen Sie sich, ob sie begründet ist. Sie werden feststellen: Oft haben Sie unnötig Angst.

Zweifel weisen auf Angst vor dem Unbekannten hin. Sie kann besiegt werden, wenn Sie über die Elemente, die ans Licht gebracht werden müssen, besser Bescheid wissen. Sie können etwas darüber lesen oder andere um Hilfe bitten, die diese Stufe bereits überwunden haben, und so lernen, wie Sie vorgehen können. Sie sind nicht allein. Es gibt mindestens eine Person, die dasselbe durchlaufen und etwas zum Thema geschrieben hat.

Wissen, was Sie wollen

Bevor Sie in der Lage sind, das Gesetz der Anziehung zu nutzen, um all das anzuziehen, was Sie sich im Leben wünschen, ist es entscheidend, genau zu wissen, was Sie wollen.

»Der Hauptgrund dafür, warum die meisten Menschen nicht das bekommen, was sie wollen, ist der, dass sie gar nicht wissen, was sie wollen.« Harv T. Eker

Eine der besten Methode herauszufinden, was Sie gerne hätten, besteht darin, aufzuschreiben, was Sie nicht wollen, und dann das Gegenteil davon zu beschreiben. Anschließend müssen Sie sich auf das konzentrieren, was Sie wollen, um mehr davon anzuziehen. Lassen Sie Ihren Träumen freien Lauf! Nichts hindert Sie daran.

Ich will nicht	Also will ich
....	....
....	....
....	....
....	....

Beschreiben Sie, welche Ziele Sie in den folgenden Bereichen hätten, wenn es für Sie überhaupt keine (finanziellen, materiellen, persönlichen …) Beschränkungen gäbe:

Gesundheit ....

Liebe ....

Freundschaft ....

Familienbeziehungen ....

Geld ....

»Schwinge dich zum Mond empor.
Selbst wenn du ihn verfehlst, landest du bei den Sternen.«
W. Clement Stone

Es ist wichtig, das zu wählen, was Ihnen wirklich Freude macht, und nicht das, was Sie tun wollen, um anderen zu gefallen.
Haben heißt auch wissen: Denken Sie daran, dass Sie sich mit Sicherheit noch mehr Wissen aneignen müssen, um sich entwickeln zu können.

Der Schwur

Eine wirksame Methode, das zu erhalten, was man will, besteht darin, dass Sie sich ein einziges, genaues Ziel setzen und sich selbst gegenüber einen Eid ablegen, dass Sie es erreichen werden. Das Ziel muss ganz genau und positiv definiert sein.
Wenn es ums Abnehmen geht, sagen Sie, dass Sie sich von »einem Gewicht von ... Kilo befreien« wollen, und geben die Kilozahl an (sagen Sie nicht, dass Sie »Gewicht verlieren« wollen, denn Gewicht verlieren ist eine negative Sichtweise Ihres Ziels). Schreiben Sie die genaue Kilozahl auf oder den Taillenumfang, den Sie erreichen wollen.
Wenn Sie Ihre Schulden bezahlen wollen, schreiben Sie, dass Sie einen Betrag von ... (genaue Summe) verdienen wollen. Schulden sind negativ, und daran zu denken, zieht noch mehr Schulden an.

Wenn Sie Ihre(n) Seelenfreund(in) treffen wollen, beschreiben Sie genau die Eigenschaften, die Sie bei dieser Person suchen. Wollen Sie die Stelle wechseln oder eine neue Anstellung finden, dann schreiben Sie genau auf, wie die Stelle sein soll, die Sie interessiert.

Sie müssen ein Datum als Deadline bestimmen und festlegen, was Sie für Ihr Ziel tun wollen. Wichtig ist, dass die Frist, die Sie sich setzen, realistisch ist.

»Hast du erst einmal eine Entscheidung getroffen, vereint sich das Universum, um sie in die Tat umzusetzen.«
Ralph Waldo Emerson

Denken Sie daran: Das Universum reagiert blitzschnell. Wenn Sie entschlossen auf Ihr Ziel zugehen, bietet es Ihnen zahlreiche Gelegenheiten. Ergreifen Sie sie rasch, indem Sie im richtigen Moment die richtigen Entscheidungen treffen – diejenigen, die in Ihnen eine positive Resonanz hervorrufen.

Ihr Schwur:

Hiermit schwöre ich,

....

(Name)

dass ich

....

(Ziel)

bis zum ....

(Stichtag/Datum)

erreiche.

Ich schwöre, dass ich
Folgendes tun werde: ....

....,

(Handlungen)

um es zu schaffen. Ich bin ganz sicher und zuversichtlich, dass es mir gelingen wird.

Unterschrift:

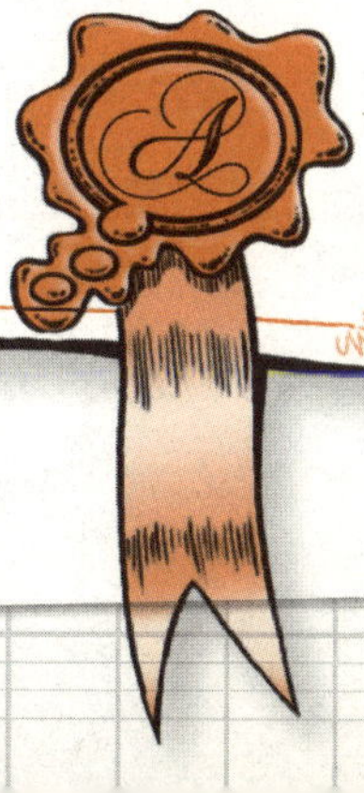

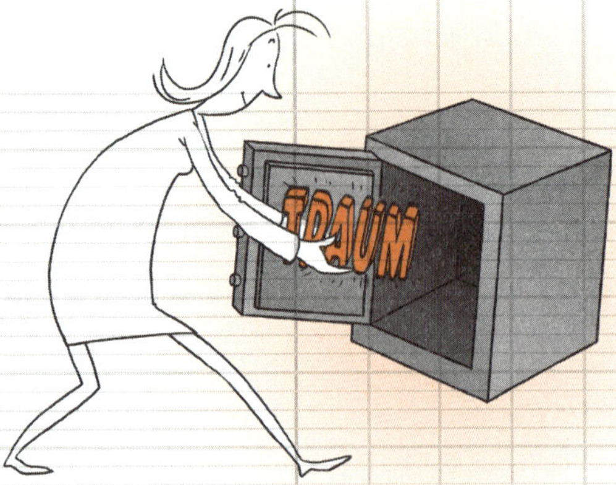

Seine Träume mitzuteilen bedeutet manchmal, ihnen die visionäre Kraft zu nehmen

Manche Menschen beurteilen Ihre Ziele auf der Grundlage ihrer eigenen Grenzen und wollen (selbst wenn es unbewusst geschieht) unter Umständen Ihren Elan bremsen (häufig mit dem Ziel, Sie zu schützen, damit Sie nicht verletzt oder enttäuscht werden). Solche Leute könnten Sie mit ihren Zweifeln und Befürchtungen entmutigen.

> ***Denken Sie daran:*** Jeder Mensch ist anders und die Grenzen anderer sind nicht die Ihren.

Sobald Sie Ihre Träume oder Entscheidungen rechtfertigen, wird es schwieriger für Sie innerlich lozulassen (wir gehen später noch darauf ein). Innerlich loszulassen ist jedoch entscheidend, damit das Resonanzgesetz wirken kann.
Beschließen Sie außerdem, sich mit Menschen zu umgeben, die erfolgreicher sind als Sie, sowie mit positiven Mentoren und Freunden, die Sie bei Ihren Vorhaben unterstützen.

Zählen Sie hier die Menschen auf, die Sie kennen, und entscheiden Sie im Voraus, mit welchen von ihnen Sie Ihre Träume nicht teilen werden.

....

....

....

Handeln

Der Unterschied zwischen einem Ziel und einem Traum: Das Ziel beinhaltet eine festgesetzte Frist, in der es erreicht werden soll, und einen Handlungsplan.

»Gedanken führen zu Gefühlen. Gefühle führen zu Taten. Taten führen zu Ergebnissen. Harv T. Eker

Schreiben Sie für jedes Ziel, das Sie sich zuvor gesetzt haben, **einen ersten Schritt auf**, eine erste Handlung – die einfachste, die Ihnen einfällt. Schreiben Sie sie auf und führen Sie sie ohne Zögern aus. Dann notieren Sie den nächsten Schritt und nehmen ihn sofort in Angriff, indem Sie handeln. Und immer so weiter.

....

....

....

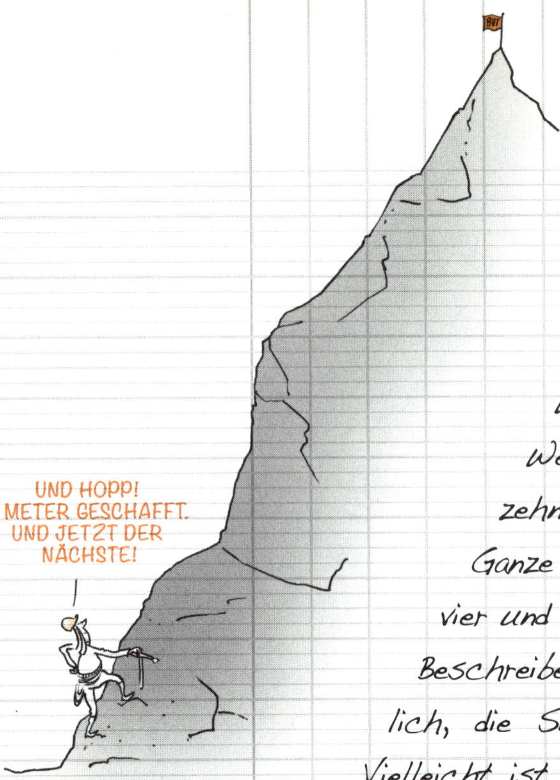

Lesen Sie Ihren Schwur noch einmal durch und teilen Sie das Ziel in Etappen auf, die leichter zu erreichen sind, in Monats- und dann in Wochenziele.

Wenn Sie zum Beispiel in einem halben Jahr zehn Kilo abnehmen wollen, teilen Sie das Ganze durch sechs, dann noch einmal durch vier und so weiter.

Beschreiben Sie dann so viele Handlungen wie möglich, die Sie für Ihr Ziel ausführen müssen. Vielleicht ist es nötig, sie nach Priorität zu ordnen. Machen Sie diese Übung bis zu dem Punkt, an dem Sie mindestens eine Handlung pro Tag beschreiben können, die Sie Ihrem Endziel näherbringt.

»Eine Reise von tausend Meilen beginnt immer mit dem ersten Schritt.« Laozi

Wenn Sie in den nächsten sechs Monaten 1000 Euro mehr verdienen wollen, notieren Sie die einzelnen Etappen, die Sie durchlaufen müssen, um dies zu erreichen, zum Beispiel: Ihre Ausgaben reduzieren, eine Gehaltserhöhung verlangen, die Kenntnisse in Ihrem Fachgebiet erweitern, um sich unentbehrlicher zu machen und folglich Ihren individuellen Wert als Angestellte/r zu steigern; in Geldanlagen mit höherer Rendite investieren, mehr über passive Einkünfte in Erfahrung bringen … Indem es auf Ihr Ziel hinwirkt, wird das Universum aktiv, um Ihnen zu Hilfe zu kommen und mehr Lösungen und Unterstützung zu bringen.

> ***Denken Sie daran:*** Jedes Ziel ist mit einem angemessenen Handlungsplan erreichbar. Wenn Sie scheitern, heißt das nicht, dass Ihr Ziel unerreichbar ist, sondern dass Ihre Gewohnheiten sich ändern müssen und Ihr Plan berichtigt werden muss.

Das Warum ist der Motor des Wie

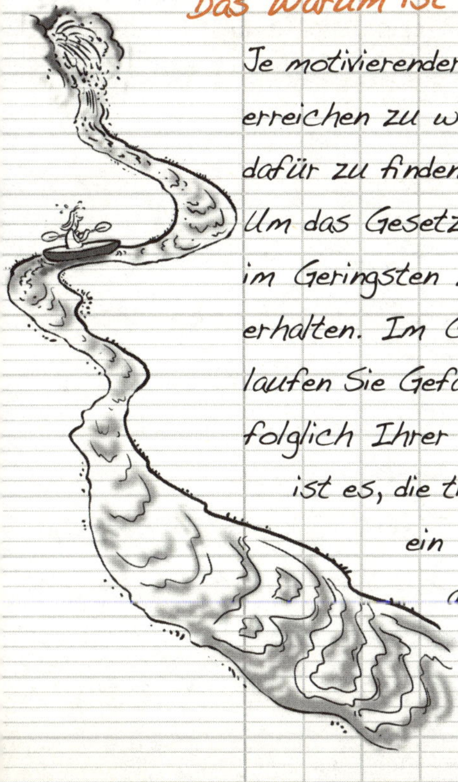

Je motivierender die Gründe sind, die Sie dazu bringen, Ihr Ziel erreichen zu wollen, desto leichter ist es für Sie, die Mittel dafür zu finden.

Um das Gesetz der Anziehung zu nutzen, brauchen Sie nicht im Geringsten zu verstehen, **wie** Sie das, was Sie verlangen, erhalten. Im Gegenteil: Wenn Sie nach dem »Wie« fragen, laufen Sie Gefahr, dass Sie an Ihren Fähigkeiten zweifeln und folglich Ihrer Macht der Anziehung schaden. Viel wichtiger ist es, die tiefe Motivation zu erkennen, die Sie dazu bringt, ein bestimmtes Ziel anzustreben und nicht ein anderes.

Lesen Sie Ihren Schwur noch einmal. **Schreiben Sie dann neben jeden Pfeil einen motivierenden Grund, der Sie anstachelt, es zu schaffen.** Wenn Sie sich zum Beispiel mehr Geld wünschen, schreiben Sie auf, was Sie von diesem Geld kaufen werden. Geht es um Gesundheit, schreiben Sie hin, was diese Ihnen ermöglichen wird …

- ....
- ....
- ....
- ....

Denken Sie daran: Das Universum findet das Mittel, das Sie am schnellsten zu Ihrem Ziel führt – und es gibt Tausende. Mitunter nehmen Sie nur eine begrenzte Anzahl dieser Mittel wahr, denn Sie legen Ihren Gedankengängen die Wirklichkeit zugrunde, die Sie genau in diesem Moment sehen, und verbinden diese mit Ihren bisherigen Erfahrungen. Die Zukunft ist jedoch immer in Bewegung und kann Ihnen sehr viel mehr Hilfsmittel bieten, als Sie sich vorzustellen vermögen.

Sobald Sie von Gründen motiviert werden, die Sie begeistern, blickt Ihr Unterbewusstsein intensiv um sich und sucht nach Hinweisen, mit denen Sie Ihr Ziel so direkt und schnell wie möglich erreichen. Sie müssen Ihr Ziel also wirklich sehnlichst erreichen wollen und aufmerksam bleiben.

Das Gesetz der Anziehung lässt Ihnen eine Frist zum Reagieren, damit Sie Ihre Meinung noch ändern können. Wenn Sie ganz sicher sind, dass Sie das Betreffende wollen, und meinen, es zu verdienen, dann streben Sie es weiterhin an und zeigen Sie Entschlossenheit.

Wenn Sie befürchten, nicht ans Ziel gelangen zu können, oder meinen, es nicht zu verdienen (oft unbewusst), dann mangelt es Ihnen einfach an Selbstvertrauen. Selbstvertrauen und Selbstliebe kann man aber erlernen.

Der Freund Ihres Freundes ist Ihr Freund

Das Universum wird Ihnen denselben Wert zumessen, den Sie sich selbst geben. Achten Sie sich nicht, ziehen Sie Menschen und Umstände an, die das Niveau Ihrer Selbstliebe widerspiegeln.

Mangel an Selbstachtung sendet negative Schwingungen ins Universum aus. Das Universum schickt Ihnen das zurück, was Sie zu verdienen meinen. Um mehr zu erhalten, müssen Sie sicher sein, dass Sie mehr wert sind, und sich selbst dementsprechend behandeln.

»... Also ist eines der wirksamsten Mittel, Ihr Leben zu verändern, sich die Überzeugungen und Gefühle, die Sie in Bezug auf sich selbst hegen, bewusst zu machen.«

Dr. John Demartini

Denken Sie einen Augenblick darüber nach, wie Sie mit sich selbst umgehen, und stellen Sie sich Ihre Reaktion vor, wenn ein(e) Freund(in) Sie so behandeln würde:

	Sehr oft	Oft	Selten	Nie
• *Mit gerunzelter Stirn im Spiegel auf Ihre Schönheitsfehler zeigen, ohne je zu lächeln?*	☐	☐	☐	☐
• *Sie regelmäßig kritisieren, wenn Sie einen Fehler machen? (Du weißt nicht, was du sagst, du Trottel! Du machst auch immer nur Blödsinn …)*	☐	☐	☐	☐
• *Versprechen nicht einhalten und sogar lügen?*	☐	☐	☐	☐
• *Sie mit Cola und ungesundem Essen vergiften?*	☐	☐	☐	☐
• *Sie vom Sporttreiben abhalten und Ihrer Gesundheit schaden? Sie am Schlafen hindern?*	☐	☐	☐	☐
• *Niemals die Wohnung oder das Haus putzen oder nur »vorzeigbar« sein, wenn Besuch ansteht? Nur für andere gute Mahlzeiten zubereiten?*	☐	☐	☐	☐

Behandeln Sie sich selbst schlechter als andere? Warum? Sie verdienen genauso viel, wenn nicht sogar mehr Zuwendung. Fügen Sie sich selbst nichts zu, was andere Ihnen auch nicht zufügen sollen.

»Hilf dir selbst, dann hilft dir Gott.«

Denken Sie daran: Die meiste Zeit Ihres Lebens verbringen Sie mit sich selbst. Sie können sich selbst nicht ablegen, also sorgen Sie gut für sich und bringen Sie zuallererst sich selbst Wertschätzung und Liebe entgegen. Vergessen Sie nicht, dass Sie selbst Ihr(e) beste(r) Freund(in) sind, und handeln Sie entsprechend.

Sich selbst lieben heißt Erfolg haben

Stellen Sie sich jemanden vor, der Sie nicht respektiert, Sie ständig belügt, beleidigt und kritisiert … Wollten Sie demjenigen beistehen und ihm Freude bereiten? Wenn diese Person dann noch unaufhörlich Gefälligkeiten von Ihnen verlangte, dann hätten Sie wahrscheinlich genug von dieser Beziehung und würden versuchen, ihr um jeden Preis zu entgehen.

Menschen, die sich selbst wenig Liebe entgegenbringen, behandeln sich wie einen Feind, den man abzuschütteln versucht. Genau aus diesem Grund suchen manche übrigens Zuflucht im Alkohol, Rauchen, Spiel, in übertriebener Sexualität, in Arbeit …

Das Universum will einem Menschen, dem es an Selbstliebe mangelt, ebenso wenig beistehen, wie Sie Ihre Zeit mit einem Feind verschwenden wollen.

Sie können die Liebe zu sich selbst stärken, indem Sie sich weniger versprechen, diese Versprechen aber halten: gesünder essen, mehr Sport treiben, die Wohnung aufgeräumt und sauber halten, für sich selbst gepflegt sein, für sich selbst Speisen zubereiten, die Sie mögen, indem Sie sich selbst regelmäßig Komplimente machen und sich etwas gönnen (einen Tag im Spa, ein Essen im Restaurant), Ihre körperlichen Qualitäten hervorheben, Ihre Mängel mehr wertschätzen …

Selbstliebe zu entwickeln hilft Ihnen, schneller gute Entscheidungen zu treffen. Sie erkennen dann auch die direkten Wege zum Ziel.

Denken Sie daran: Sich selbst zu lieben heißt, Erfolg zu haben, und Erfolg zu haben heißt, ein gesundes Gleichgewicht zwischen Geld, Gesundheit, Familie und Freunden zu halten. Verlieren Sie nicht einen Bereich Ihres Lebens aus den Augen, um ein Ziel in einem anderen zu erreichen. Sonst geraten Sie wieder in ein Ungleichgewicht und sehen sich erneut Hindernissen gegenüber.

Zeig mir deine Freunde, und ich sage dir, wer du bist

»Sie sind der Durchschnitt aus den fünf Personen, mit denen Sie die meiste Zeit verbringen.« Jim Rohn

Machen Sie sich bewusst, was für ein Leben die Menschen führen, mit denen Sie die meiste Zeit verbringen.

- Sind sie positiv oder negativ eingestellt?

☐ positiv ☐ negativ

....

- Klagen sie über körperliche Schmerzen?

☐ ja ☐ nein

- Haben sie eine Arbeit?

  ☐ ja ☐ nein

- Leben sie in einer Partnerschaft?

  ☐ ja ☐ nein

- Haben sie finanzielle Probleme?

  ☐ ja ☐ nein

- Ermutigen sie Sie, erfolgreich zu sein?

  ☐ ja ☐ nein

- Führen sie ihr Leben so, wie Sie es gerne täten?

  ☐ ja ☐ nein

Sie sollten wissen: Wenn Sie das Gesetz der Anziehung anwenden, um im Leben das Beste zu erhalten, werden manche Menschen unweigerlich zugunsten besserer Beziehungen aus Ihrem Umfeld verschwinden.

Die Menschen, die Sie augenblicklich umgeben, spiegeln wider, was Sie über Ihr derzeitiges Leben denken. Wenn Sie möchten, dass sich künftig etwas ändert, müssen Sie wahrscheinlich den Personenkreis, der Sie umgibt, wechseln.

Wenn Sie die Qualität Ihres Umfelds verbessern wollen, dann sollten Sie selbst »besser« werden, denn das ist es, wonach zufriedene Menschen ebenfalls suchen.

Um positive Menschen anzuziehen, ist es nötig, selbst so positiv zu werden wie die Menschen, denen man gerne begegnen würde.

Sie können nun eine **Liste der Eigenschaften erstellen, die Sie bei anderen schätzen.** Kreuzen Sie dann diejenigen an, über die Sie selbst bereits verfügen. Was die anderen Eigenschaften angeht: Sie können lernen, sie zu entwickeln – »Gleich und gleich gesellt sich gern.«

....

....

....

Das Visualisieren

»Alles, was der menschliche Geist sich vorstellen und woran er glauben kann, das kann er auch vollbringen.« Napoleon Hill

Visualisierung besteht darin, sich ein genaues Bild des erwünschten Ergebnisses zu machen und sich dabei vorzustellen, wie es konkrete Formen annimmt.

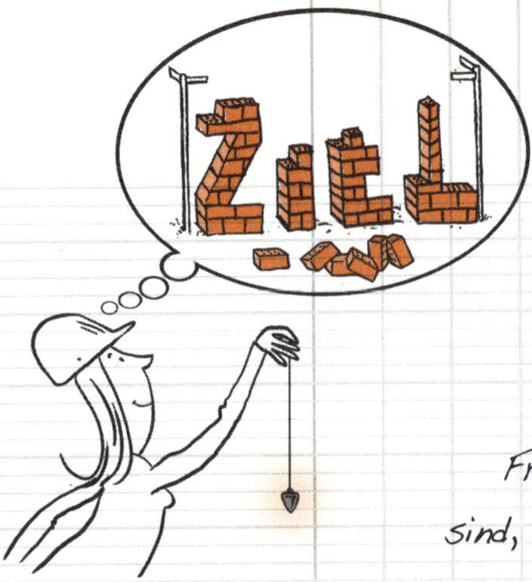

Das Gesetz der Anziehung reagiert in Übereinstimmung mit den energetischen Schwingungen, die bei Ihren Visualisierungen ausgesendet werden. Je detaillierter diese sind, je mehr sie mit Freude, Erleichterung und Dankbarkeit verbunden sind, umso schneller erreichen Sie Ihr Ziel.

Visualisieren – so geht's:

1. Schneiden Sie Bilder aus (zum Beispiel aus Zeitschriften), die das widerspiegeln, was Sie erreichen wollen, und kleben Sie sie auf eine große, weiße Pappe. Befestigen Sie das Ganze an einer Stelle, an der Sie häufig vorbeikommen. Wenn Sie diese Bilder betrachten, geben Sie sich der Vorstellung hin, wie glücklich Sie erst sein werden, wenn Sie Ihr Ziel erreicht haben.

2. Beschreiben Sie detailliert einen perfekten Tag, wie Sie ihm entgegensehen, wenn Sie Ihr Ergebnis erst einmal erreicht haben. Beginnen Sie mit »An diesem Tag« (mit dem in Ihrem Versprechen angegebenen Datum, an dem Sie Ihr Ziel erreichen) bin ich so glücklich, weil ich …«

Lesen Sie diese Beschreibung oft und lassen Sie sich dabei von ebendiesem Glück durchfluten, das Sie empfänden, wenn Sie bereits am Ziel angelangt wären.

3. Üben Sie, das Gefühl des Wohlbefindens heraufzubeschwören, das Sie mit dem ersehnten Ergebnis verbinden: Wenn Sie sich mehr finanzielle Mittel wünschen, schlendern Sie durch schicke, luxuriöse Geschäfte und kaufen Sie imaginäre Dinge ein oder machen Sie eine Probefahrt mit Ihrem Traumauto. Wenn Sie sich ein Liebesleben wünschen, besuchen Sie romantische Orte und stellen Sie sich vor, Sie seien dabei mit Ihrer oder Ihrem Liebsten zusammen.

Die meisten Olympiasieger bedienen sich der Methode der Visualisierung, um sich geistig auf den Sieg vorzubereiten.

»Was Sie visualisieren, das materialisieren Sie.«
Dr. Denis Waitley

Indem Sie Ihr Ziel visualisieren, können Sie sich noch stärker motivieren, es zu erreichen. Das Visualisieren hilft Ihnen außerdem, Ihr Ziel nicht aus den Augen zu verlieren.

Die Bedeutung des Loslassens

Es ist notwendig, dass Sie Ihr Ziel sehnlichst erreichen wollen. Genauso wichtig ist es aber, das Ergebnis innerlich loslassen zu können, um den gegenwärtigen Augenblick zu nutzen. Zunächst mag es schwierig scheinen, dieses Gleichgewicht zu erreichen, aber es ist möglich. Ihnen sollte klar sein, dass Ihr Glück nicht vom letztendlichen Ziel abhängt, sondern dass Sie es auf der ganzen Strecke in sich tragen. Haben Sie Ihr Ziel außerdem erst einmal erreicht, wird ein anderes Sie unwiderstehlich anziehen. Viele nehmen sich nicht wirklich die Zeit, zu feiern und ihren Sieg zu genießen, sondern wenden sich sofort neuen Eroberungen, neuen Gipfeln zu.

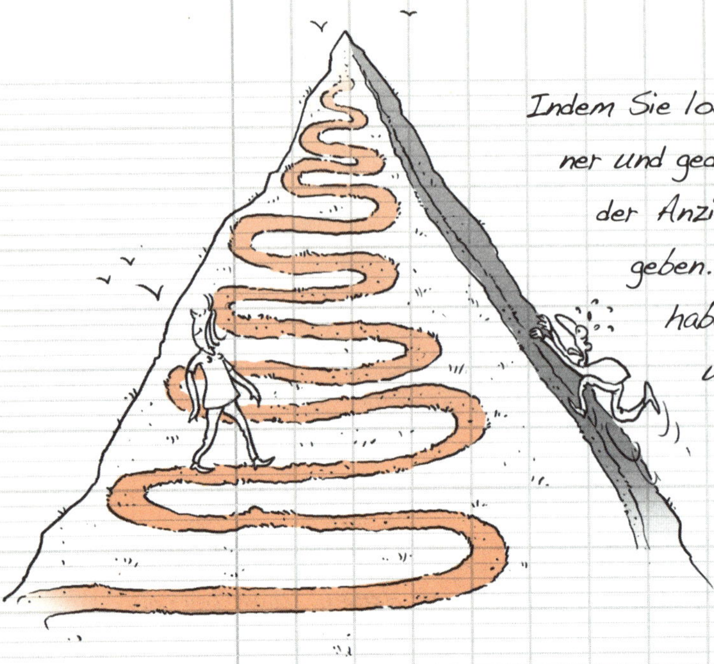

Indem Sie loslassen, können Sie gelassener und geduldiger sein, um dem Gesetz der Anziehung Zeit zum Wirken zu geben. Wenn Sie es nicht so eilig haben, wird Ihre Vision klarer und Sie wählen die Hilfsmittel, die sich Ihnen auf dem Weg präsentieren, vorsichtiger aus.

Oft erweist sich der kürzere Weg als der mühsamste und der, der den höchsten Preis fordert. Geduld ist auch vonnöten, damit die Ergebnisse sich zeigen können: Ein Schritt nach dem anderen.

Es ist ein bisschen wie beim Angeln: Wenn Sie spüren, dass ein Fisch angebissen hat, und hastig an der Angel ziehen, dann laufen Sie Gefahr, Ihren Fang zu verlieren. Zum anderen ist mangelndes inneres Loslassen ein Zeichen für fehlendes Selbstvertrauen. Indem Sie sich an das Ergebnis klammern, senden Sie Schwingungen aus, die aus Angst bestehen. Diese Angst kann das anziehen, was Sie fürchten – nämlich dass Sie das Ziel verfehlen –, und nicht den Erfolg.

Wenn man das Ergebnis so aus tiefster Seele herbeisehnt, dass man davon abhängig ist, weist das außerdem auf einen Mangel an Vertrauen in das Universum hin. Wer sagt Ihnen denn, dass das, was Sie erwartet, nicht noch besser ist als das, was Sie sich wünschen?

Denken Sie daran: Das, wogegen Sie sich wehren, wird fortbestehen. Wenn Sie sich in einer Situation unsicher (zornig, frustriert ...) fühlen, dann fragen Sie sich: »Was versuche ich abzuwehren oder zu kontrollieren?«

Ihr Glück darf nicht vom Ergebnis abhängen. Sonst werden Sie immer danach streben, ohne wirklich Glück zu erlangen. Außerdem ist das Gesetz der Anziehung sehr viel wirkungsvoller, wenn Sie die Zufriedenheit schon tief in sich spüren. Andernfalls zieht es den Mangel an, den Sie auszugleichen versuchen.

Loslassen bedeutet auch »Na und?!« sagen zu können

Menschen, die sich für ihre Zukunft stets das Schlimmste vorstellen, werden selten enttäuscht. Sie machen oft ihre schwierige Vergangenheit für ihr Scheitern verantwortlich. Bedenken Sie aber, dass manche Menschen eine noch schwierigere Vergangenheit als die Ihre überlebt haben und dennoch ein besseres Leben führen, als Sie es im Moment tun.

Wenn Sie in früheren negativen Erfahrungen stecken bleiben, verringert das Ihr Energieniveau. Sie könnten dadurch gerade die Erfahrungen anziehen, die Sie fürchten.

Die Vergangenheit ist keineswegs der Vorläufer der Zukunft – jedenfalls nicht, wenn Sie ihr nicht die Macht dazu geben. Indem Sie Ihre Vergangenheit hinter sich lassen, werden Sie offen für die unbegrenzten positiven Möglichkeiten.

»Sie erinnern sich nicht an das, was geschehen ist. Das, woran Sie sich erinnern, wird zu dem, was geschehen ist.« John Green

Schreiben Sie Erfahrungen aus Ihrem Leben auf, die möglicherweise Bereiche, in denen Sie Ziele verfolgen, beeinflussen.

....

....

Wie haben sie Ihre Gegenwart beeinflusst?
Beschreiben Sie negative Vorstellungen und Gefühle, die sich um diese Erfahrungen ranken. **Inwiefern fühlen Sie sich von diesen Überzeugungen und Gefühlen eingeschränkt?**

....

....

Versehen Sie dieselben Erfahrungen mit einem positiven Gefühl.

....

....

Das Beste erwarten

Im gegenwärtigen Moment leben und dabei das Beste erwarten; unser Ziel im Auge behalten, während wir innerlich losgelöst vom Ergebnis bleiben: Dieses Gleichgewicht müssen wir perfektionieren, um Meister im positiven Gebrauch des Resonanzgesetzes zu werden.

Leben Sie in Erwartung des Besten, so als hätten Sie es schon erlangt. Ein gesunder Mensch sorgt sich nicht unaufhörlich, ob er gesund wird. Ein reicher Mensch spricht nicht dauernd darüber, wie er aus seinen Schulden herauskommt. Jemand mit einem erfüllten Liebesleben fragt sich nicht die ganze Zeit, ob er wohl seinen Seelengefährten bald trifft. Leben Sie jeden Augenblick, als hätten Sie Ihr Ziel schon erreicht. Nehmen Sie sich Zeit zu leben und von dem zu profitieren, was Sie schon haben. Wenn Sie freudig auf das Ergebnis warten, steigern Sie Ihre positiven Schwingungen und verringern die Sorgen und Zweifel, die Ihren Zugang zum Erfolg beeinträchtigen können.

Im gegenwärtigen Moment leben

Die beste Methode, das gewollte Ergebnis loszulassen, besteht darin, im gegenwärtigen Moment zu leben.

> »Gestern ist Geschichte. Morgen ist ein Geheimnis. Und heute? Das Heute ist ein Geschenk – deshalb heißt es auf Englisch ›present‹.« Babatunde Olatunji

Denken Sie daran: Sie können die Vergangenheit nicht ändern. Es nützt also nichts, wenn Sie die Dinge, die Sie bereuen, als Last mit sich herumtragen. Sie kontrollieren die Zukunft nicht und das Spektrum der Möglichkeiten bleibt offen, solange Ihre Befürchtungen und Zweifel es nicht einengen. Folglich ist es sinnlos, sich zu sorgen. Nur in der Gegenwart ist alles noch möglich und das Gesetz der Anziehung wirksam. Indem Sie jeden Moment achtsam wahrnehmen, können Sie die verfügbaren Mittel bemerken und zum Erreichen Ihrer Ziele nutzen.

Der beste Weg, im gegenwärtigen Moment zu leben, ist, sich auf das zu konzentrieren, was Sie gerade tun. Stürzen Sie sich nicht in Ihre täglichen Verrichtungen, ohne dabei auf Ihr Handeln zu achten, weil Sie über etwaige finstere zukünftige Ereignisse nachgrübeln und voller Zweifel und Angst sind.

Gewöhnen Sie sich daran, sich auf jede Ihrer Gesten zu konzentrieren. Beginnen Sie damit, dass Sie ein leises Signal einrichten, zum Beispiel auf Ihrem Handy. Wenn es in regelmäßigen Abständen klingelt, erinnert es Sie daran, Ihre Aufmerksamkeit wieder auf den gegenwärtigen Moment zu richten.

Wenn Sie sich auf das konzentrieren, was Sie gerade tun, hat Ihr Geist keine Zeit, ins Zweifeln zu geraten. Überdies handeln Sie dann zügiger und geschickter. Diese Effizienz ermöglicht es Ihnen, die Etappen, die Sie zum Ziel führen, schneller zu durchlaufen.

Sie können auf das »Kleine Übungsheft der Achtsamkeit« von Ilios Kotsou (Trinity Verlag) zurückgreifen. Meditation ist ebenfalls eine wirksame Methode, um eine solche Konzentration zu entwickeln.

Meditation

Da Gedanken die Macht haben, sich zu materialisieren, ist es entscheidend, ihren Fluss wie auch den Inhalt zu kontrollieren. Verringern Sie die Zahl der Gedanken und wählen Sie dabei diejenigen aus, die positiv sind, die im Einklang mit Ihren Träumen stehen und die Sie verwirklichen wollen.

Meditation bietet Ihnen die Möglichkeit, Ihren Gedankenfluss – den inneren Lärm – zu verlangsamen. Sie ermöglicht Ihnen das erforderliche innere Loslassen.

Mediation erhöht Ihre positive Energie. Außerdem: Indem Sie Ihren Geist leer werden lassen, schaffen Sie wichtigen Raum, der neue kreative Erfolgsideen an die Oberfläche dringen lässt.

»Ohne Meditation bist du wie ein Blinder in einer Welt von großer Schönheit, voller Licht und Farben.«
Jiddu Krishnamurti

Meditation ist im Grunde genommen eine Art höchster Konzentration. Es gibt mehrere Formen. Hier die einfachste:

Setzen Sie sich an einem ruhigen Ort bequem hin, entweder im Lotussitz oder auf einen Stuhl, beide Füße fest auf dem Boden und die Hände flach auf den Knien mit nach oben gewandten Handflächen.

Richten Sie nun die volle Aufmerksamkeit auf Ihren Atem. Denken Sie ausschließlich an Ihr Ein- und Ausatmen und achten Sie so wenig wie möglich auf die Gedanken, die Ihnen durch den Kopf gehen.

Mit zunehmender Übung können Sie sich mehr auf Ihre innere Stille konzentrieren.

Empfehlenswert sind täglich zwanzig Minuten Meditation, aber Sie können zunächst mit fünf Minuten nach dem Aufwachen beginnen. Falls Sie einen vollen Tagesplan haben, stehen Sie morgens früher auf und ziehen Sie sich allein an einen Ort zurück, der die erforderliche Ruhe und Stille gewährleistet. Wenn Sie regelmäßig meditieren, werden sie es mit der Zeit überall und immer können. Beim Meditieren üben Sie, Ihre Aufmerksamkeit zu fokussieren. Das hilft Ihnen in allen Lebensbereichen.

Sie werden gelassener und es fällt Ihnen leichter, besonnene Entscheidungen zu treffen. Sie können besser auf Ihre innere Stimme hören.

Sagen Sie Danke

Dankbarkeit steigert die positive Energie, die unerlässlich ist, um mehr Positives im Leben auf sich zu ziehen.

Je glücklicher Sie sind, umso mehr wirkt das Universum daran mit, Sie noch glücklicher zu machen. Wenn Sie für etwas Dankbarkeit empfinden, ist Ihre Energie identisch mit der Energie der Liebe. Und von Liebe hervorgebrachte Energie ist die intensivste überhaupt.

Streben Sie nach Dingen, die Sie mögen, und Sie werden mehr davon erhalten. Richten Sie Ihre Aufmerksamkeit auf das, was Sie glücklich macht, und entsprechende zufällige Erfahrungen werden sich wiederholen.

DAS, WORAUF WIR UNSERE AUFMERKSAMKEIT RICHTEN, WÄCHST.

Finden Sie Gründe, weshalb Sie im Alltag glücklich sein können, und Sie werden immer mehr davon bemerken.

Erstellen Sie eine Liste mit zehn Gründen für Sie, dankbar zu sein (das kann etwas so Einfaches sein wie die Tatsache, dass Sie Augen haben, um dies zu lesen, dass Sie Kleidung, ein Dach über dem Kopf haben, dass Sie gesund sind …). Lesen Sie diese Liste so oft wie möglich und lassen Sie sie immer weiter wachsen.

....

....

....

....

....

Das, worüber man am häufigsten klagt, wird sich schnell wieder als Problem präsentieren. Ist Ihre Konzentration auf etwas ausgerichtet, das Sie belastet (seien es Fehler anderer, Rechnungen, Schmerzen), setzen Sie das Gesetz der Anziehung in negativer Richtung ein und ziehen auf diese Weise noch mehr Gründe an sich zu beklagen.

Richten Sie Ihre Aufmerksamkeit nicht in erster Linie auf das, was Sie stört. Indem Sie eine Situation so annehmen, wie sie ist, durchlaufen Sie sie schneller und können zu einer weiteren, positiveren Etappe übergehen.

Lenken Sie die Aufmerksamkeit stärker auf die Mittel, den Unannehmlichkeiten entgegenzuwirken. Konzentrieren Sie sich auf das, was Sie mögen, und lernen Sie zu vergeben.

Vergeben heißt, sich einen Anteil Glück zu schenken

Der Akt des Vergebens hebt Ihre Energie positiv an. Sehen Sie mal: Wie fühlen Sie sich, wenn Sie an jemanden denken, der Ihnen Unrecht getan hat und dem Sie böse sind: gut oder schlecht?

»Groll ist wie Gift trinken und hoffen, dass es deine Feinde umbringt.« Nelson Mandela

Viele Menschen können sich nicht vorstellen zu vergeben. Es ist jedoch wichtig zu verstehen, dass der Akt der Vergebung Sie vom Negativen befreit, das mit einem früheren Ereignis verknüpft ist.

Vergeben heißt nicht akzeptieren. Vergeben heißt, das Negative aufgeben, das an diese Umstände geknüpft ist, um sich danach leichter und positiver zu fühlen. Es geht darum, sich von Schmerz zu lösen und zu verstehen, dass jeder Mensch im Moment seines Tuns nach bestem Vermögen handelt. Die Taten können andere verletzen, aber in den meisten Fällen ist die betreffende Person sich dessen nicht einmal bewusst. Wenn sie es merkt, muss sie mit ihren Gewissensbissen und Schuldgefühlen leben.

Dadurch, dass Sie sich an ein bedauerliches Ereignis erinnern, lassen Sie es wieder aufleben. Beim ersten Mal mag die verletzende Handlung von einem anderen Menschen verübt worden sein, doch jedes Mal, wenn Sie wieder mit Groll daran zurückdenken, sind Sie selbst derjenige, der Ihnen Leid zufügt.

Wenn Sie dagegen lernen, sich selbst mehr Liebe entgegenzubringen, werden Sie sich letztendlich als ganzes Wesen lieben. Folglich lieben Sie alle Erfahrungen, die Sie in sich tragen und die Sie zu dem gemacht haben, der Sie jetzt sind. So betrachtet gehören selbst die Momente, die Sie als verletzend ansehen, zu Ihnen. Sie sollten daher alle Erfahrungen der Vergangenheit, die Sie so geformt haben, wie Sie heute sind, erkennen und lernen, dafür dankbar zu sein.

Lernen Sie die Vorstellung zu akzeptieren, dass jeder mit dem Wissen, das er genau in diesem Moment hat, sein Bestes tut und so auch Fehler begehen kann, die Sie unter Umständen verletzen.

Sie sollten mehr Mitgefühl mit sich selbst entwickeln, lernen, sich Ihre eigenen Fehler und Entscheidungen zu vergeben und auch zu verzeihen, dass Sie anderen die Macht zugestanden haben, Sie zu verletzen.

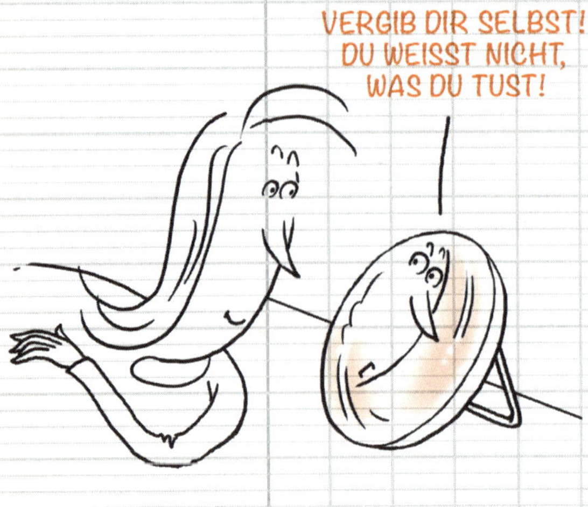

Denn mitunter geraten wir nicht so sehr in Zorn, weil jemand anders uns verletzt hat, sondern weil wir uns haben reinlegen lassen.

Allen vergeben – das lässt sich nicht auf einen Schlag und auch nicht an einem Tag erlernen. Sie können mit kleinen Auseinandersetzungen anfangen und die Dosis des Vergebens von Tag zu Tag erhöhen. Wählen Sie den Namen einer Person aus, die Ihnen ein geringfügiges Unrecht zugefügt hat, und lassen Sie das negative Gefühl weichen. Sie können sich damit behelfen, dass Sie das Ereignis ganz genau durchgehen und nur die Handlungen betrachten – ohne Ihre Gefühle hinzuzufügen. Anschließend schenken Sie der betreffenden Person Ihr Mitgefühl und akzeptieren die Tatsache, dass sie wahrscheinlich ihr Bestes getan hat und nicht die Absicht hatte, Ihnen wehzutun. Wenn jemand Ihnen wirklich gewaltiges Unrecht angetan hat, gehen Sie schrittweise vor, indem Sie jedes Element, das Sie verzeihen wollen, genau unter die Lupe nehmen.

Nennen Sie hier jemanden, gegen den Sie Groll hegen:

Finden Sie heraus, welchen Nutzen das Handeln dieser Person für Ihr Leben hatte oder was Sie daraus Positives gelernt haben:

Schreiben Sie einen Brief an diese Person, unabhängig davon, ob sie noch lebt oder verstorben ist.
Sie brauchen ihr den Brief nicht zu schicken. Schreiben Sie, was Sie ihr vergeben wollen. Beenden Sie den Brief mit dem Satz »Ich vergebe dir und befreie mich.«

....

Wählen Sie eine Tat aus, die Sie verübt haben und wegen der Sie sich selbst böse sind. Erkennen Sie, dass Sie in dem Moment mit den Ihnen zur Verfügung stehenden Informationen Ihr Bestes getan haben. Da Sie sich seitdem weiterentwickelt haben, bewerten Sie Ihren Irrtum im Rückblick mit mehr Informationen und Erfahrungen. Es ist normal, dass Sie diesen Fehler der Vergangenheit nun erkennen. Doch ebendieser Fehler hat Sie die Lektion gelehrt, die Sie im Leben weiterbringt.
Je mehr Sie sich selbst lieben, umso weniger Fehlentscheidungen treffen Sie. Vergeben heißt, sich selbst Liebe schenken.

Geben bedeutet nehmen

Der beste Weg, mehr zu erhalten, besteht darin, selbst mehr zu geben. Wenn Sie mehr Zeit brauchen, dann opfern Sie etwas von Ihrer Zeit. Wenn Sie nach einer Liebesbeziehung suchen, schenken Sie den Ihnen nahestehenden Menschen Liebe. Wollen Sie mehr Geld, zeigen Sie sich großzügig und spenden Sie ein paar Euro an eine Wohltätigkeitsorganisation.

*»Es gibt das Glück auf Erden.
Man erlangt es dadurch, dass man seinen Verstand umsichtig einsetzt, die Harmonie des Universums erkennt und kontinuierlich Großzügigkeit übt.« José Marti*

Großzügig und bedingungslos zu geben zeugt davon, dass Sie auf die Fülle des Universums vertrauen. Ihr Unterbewusstsein weiß, dass Sie nur etwas geben können, bei dem Sie sicher sind, dass es Ihnen niemals daran fehlen wird.

Wenn Sie Angst haben, es könnte Ihnen an etwas mangeln, ziehen Sie genau diesen Mangel an. Durch großzügiges Geben bezeugen Sie Ihr Vertrauen und ziehen damit weitere Gründe an, Vertrauen zu haben.

Wenn Sie keine Liebe geben aus Angst, verletzt zu werden, werden Sie wahrscheinlich verletzt. Wenn Sie Angst haben, bedürftig zu sein, werden Sie bedürftig sein.

Dadurch, dass Sie großzügig sind, ziehen Sie Großzügigkeit an; wenn nicht von den Menschen um Sie herum, dann vom gesamten Universum.

Überdies steigert Großzügigkeit Ihre positive Ausstrahlung und das zieht weitere positive Elemente in Ihrem Leben an. Großzügigkeit, das bedeutet auch, dass Sie diese Lehren an Ihre Kinder weitergeben, damit sie schon von klein an ihre Fähigkeit entwickeln, das Beste auf sich zu ziehen.

Das Universum hat eine große Fülle zu bieten und vermag den Bedürfnissen eines jeden gerecht zu werden. Jeder Mensch ist anders in dem, was er erreichen möchte, und auf der Welt ist Platz für alle.

Schränken Sie die Träume Ihrer Kinder nicht ein aus Angst, sie könnten enttäuscht oder verletzt werden. Stempeln Sie sie nicht von frühester Kindheit an ab, ohne ihnen die Möglichkeit zu geben, sich zu entfalten. Zeichnen Sie Ihren Kindern keinen Weg vor, den Sie eigentlich für sich selbst gewollt hätten. Lieben Sie sie bedingungslos und geben Sie ihnen jene Liebe, die ihnen die Wahl lässt, ihr Schicksal selbst frei zu wählen, mit einem Maximum an Hilfsmitteln, um erfolgreich zu sein. Helfen Sie anderen, während Sie die Stufen Ihres Erfolges erklimmen. Bieten Sie Ihre positiven Gedanken anderen Menschen und dem gesamten Planeten an.

Nun sind Sie besser gerüstet, um das Beste anzuziehen und das Gesetz der Anziehung positiv zu nutzen.

Wenn Ihnen klar ist, was Sie wollen, und Sie wissen, dass Sie auf sich selbst und das Universum vertrauen; dass Sie Ihr Ziel entschlossen anstreben und trotz Hindernissen beharrlich bleiben; dass Sie Ihr Ziel nicht aus den Augen verlieren, dabei aber innerlich losgelöst vom Endergebnis bleiben und vom gegenwärtigen Augenblick profitieren; dass Sie offen bleiben für die Gelegenheiten, die sich Ihnen bieten – dann werden Sie zum Magier Ihres Lebens.

Sie sind bereits auf dem Weg zum Erfolg. Sie haben die Fähigkeit und die Pflicht, glücklich zu sein und alles Gute im Leben anzuziehen!

Denken Sie daran: Das Beste, was Sie tun können, ist, Ihr Bestes tun!

Um Gewissheit zu haben, dass Sie auf dem Weg zum Erfolg sind, **beantworten Sie die folgenden Fragen.** Wenn Sie sehen, dass Ihnen noch Arbeit bevorsteht, seien Sie unbesorgt: Das Gesetz der Anziehung beherrscht man nicht von einem Tag auf den anderen. Kehren Sie zu den Abschnitten im kleinen Übungsheft zurück, die sich mit Ihren noch ungelösten Themen befassen.

1. Sind Ihnen Eigenschaften aufgefallen, die Sie an sich bewundern?

☐ ja ☐ nein

2. Haben Sie maximale Selbstachtung und Selbstvertrauen?

☐ ja ☐ nein

3. Haben Sie ein klares, präzises Ziel definiert, das Sie innerhalb einer angemessenen Frist erreichen wollen?

☐ ja ☐ nein

4. Haben Sie einen Handlungsplan aufgestellt und die erste Etappe – entsprechend der Prioritäten Ihrer Liste – in Angriff genommen?

☐ ja ☐ nein

5. Haben Sie begonnen, mindestens fünf Minuten täglich (für den Anfang) zu meditieren?

☐ ja ☐ nein

6. Haben Sie sich daranbegeben, Ihre eigenen Fehler der Vergangenheit und auch die der anderen zu verzeihen?

☐ ja ☐ nein

7. Haben Sie eine Liste der Dinge, für die Sie dankbar sind, erstellt?

☐ ja ☐ nein

8. Haben Sie mit Ihrer Großzügigkeit geglänzt?

☐ ja ☐ nein

Dieses kleine Übungsheft wurde erarbeitet, um Ihnen die wichtigsten Lehren zur Anwendung des Anziehungsgesetzes zu vermitteln. Kommen Sie regelmäßig darauf zurück, um auf Erfolgskurs zu bleiben.

Entscheiden Sie, was Sie wollen, seien Sie überzeugt, dass Sie es erlangen können und dass Sie es verdienen. Seien Sie überzeugt, dass es möglich ist – denn das ist es! Schließen Sie die Augen, jeden Tag ein paar Minuten, und meditieren Sie. Visualisieren Sie, dass Sie es bereits erfolgreich geschafft haben, und leben Sie in froher Erwartung. Seien Sie jeden Tag dankbar für alles, was Ihnen widerfährt. Vertrauen Sie auf das Universum in der Gewissheit, dass Sie das Beste anziehen.

DIES IST DER ERSTE SCHRITT AUF DEM WEG IHRES RESTLICHEN LEBENS.

Bibliografie:

Canfield, Jack: *Jack Canfields Schlüssel zum Gesetz der Anziehung: So machen Sie Ihre Lebensträume wahr*. Kirchzarten: VAK Verlag 2010.

Hicks, Esther und Jerry: *The Law of Attraction: Das kosmische Gesetz hinter THE SECRET*. Berlin: Ullstein 2009.

Hill, Napoleon/Stone, Clement: *Erfolg durch positives Denken*. München: Ariston 2010.

Poletti, Rosette/Dobbs, Barbara: *Das kleine Übungsheft. Loslassen*. München: Trinity 2013.